SIBYLLARVM DVODECIM

ORACVLA, EX ANTIQVO LIBRO

LATINE' PER IOAN. AVRATVM, POETAM
& interpretem Regium, & Gallicè
per Claud. Binetum edita:

Cum eorundem figuris ad viuum ex antiquis à Ioan.
Rabellio Pictore expressis.

LES ORACLES DES DOVZE

Sibylles, extraicts d'vn liure antique, mis en vers
Latins par Iean Dorat Poëte & interprete
du Roy, & en vers François par
Claude Binet.

Auec les figures desdites Sibylles pourtraictes au vif, & tirees
des vieux exemplaires par Iean Rabel.

A PARIS,

Chez Iean Rabel, demourant à la ruë S. Iean de Latran,
à la Rose rouge.

M. D. LXXXVI.

AVEC PRIVILEGE DV ROY.

A TRESHEROIQVE PRINCESSE LOYSE
DE LORRAINE PAR LA GRACE DE
DIEV ROYNE DE FRANCE.

MADAME, ceux qui de plus pres ont con-
templé le fouuerain bien, qui eſt Dieu, & qui
ont voulu voguer en plus haulte mer de ſes
ouurages, ou entrer plus auant au cabinet de
ſes miſteres n'ont ſceu veoir, decouurir ny
apprendre autre choſe, ſinon qu'il eſtoit in-
uincible, incomprehenſible, & ineffable, &
pour ce ils nous ont appris ceſte belle Theo-
logie, qu'il faut pluſtoſt croire, mediter & admirer ce grand ou-
urier, que d'vn vol d'Icare approcher noz aiſles de plume & de
cire pres d'vn ſi eſclattant Soleil.

C'eſt pourquoy il ne voulut iadis que l'on fut curieux d'en ſçauoir d'auantage qu'il luy pleuſt d'en deſcouurir par ces Oracles
& Prophetes, leſquels, par ſon conſeil admirable, auoient eſté par
luy de bas lieu eſleuez par vne ſcience non commune pour y re-
marquer ie ne ſçay quoy de plus qu'humain.

Et par ce que le Soleil de ſa bonté deuoit quelquefois reluire
auſſi bien ſur les Gentils, deſquels nous ſommes iſſuz, que ſur les
Iuifs ſon peuple eſleu, lors qu'il romproit la paroj d'infidelité, qui
les ſeparoit, comme par ſes prophetes il a voulu predire aux Iuifs,
par certaines figures & ombrages leur faire ſçauoir, qu'vne Vierge enfanteroit vn fils du ſeul ouurage de Dieu, & en Bethleem,
qu'il ſeroit recogneu des beſtes : ſeroit poſé en la creiche, qu'au
ciel ſa gloire ſeroit entenduë : tantoſt qu'il ſeroit Roy humble &
debonnaire, & qu'il ſeigneuriroit la terre, qu'il brideroit l'enfer,
tantoſt qu'il tireroit le peuple Gentil hors de tenebres, & qu'à
ceſte fin il ſe choiſiroit certain nombre de perſonnages de bas
lieu, qui feroient retentir leur voix par l'Vniuers. Tantoſt qu'il
nous feroit iouyr d'vne bonne paix, tantoſt qu'il nous mettroit
en liberté nous deliurant du ioug des Peres, tantoſt qu'il ſeroit

A ij

fils de Dieu, Roy & Prophete, qu'il se vestiroit de nostre humani-
té : qu'il seroit tourmenté, batu, souffleté, mocqué & abreuué de
fiel & de vin-aigre : tartost qu'il seroit iugé & reputé comme
meschant, & comme tel condamné à mourir, qu'il demeureroit
trois iours mort, & que le troisiesme il ressusciteroit : tátost qu'à
la fin du monde il sera iuge equitable de tous, tant petits que
grans, condamnant les vns au feu d'enfer, les autres à la vie per-
durable & eternelle. Le mesme il a voulu predire au peuple Gentil par les Sibylles, femmes infideles & agitees du maling esprit,
lesquelles toutesfois furent vaincues & forcees par l'esprit de
Dieu (qui quelque-fois parle par la bouche des faux Prophetes,
& les contrainct bon gré mal gré de dire la verité) en ce qu'elles
nous ont predict des choses susdictes.

Et d'autant que l'vn des signalez tesmoignages que nous ayós
point au rapport des gens doctes tant anciés que modernes pour
l'exaltation de nostre saincte foy, est celuy que nous auons des
oracles & des carmes de ces Sibylles, ie me suis aduisé de grauer
les pourtraicts desdictes Sibylles au plus pres de la naifue repre-
sentation, que l'antiquité m'ait dónee auec vn sommaire de leurs
predictiós appropriees à vne chacune d'icelles, que ie presente à
vostre Maiesté, comme les premices de mes labeurs.

Ie sçay, Madame, que c'est vn don bien maigre & indigne de
l'œil de la plus grande & plus vertueuse Princesse qui viue, & laquelle est l'espouse du plus sage & deuotieux Roy, qui porte cou-
róne. Toutesfois il vous plaira excuser la petitesse de l'œuure, &
recueillir de vostre accoustumee debonnaireté la bonne volonté
de celuy qui vous le presente, auec toute humilité, vous priant de
le receuoir, comme partant d'vne main qui de long-temps s'est
vouee à vostre seruice. Priant celuy qui a ouuert la bouche de ces
Sibylles pour predire la venue du Roy des Roys, vous vouloir,
auec l'accomplissement de tous voz autres bons & saincts desirs,
faire ceste grace d'auoir (& à nous de le veoir) vn enfant, capable
de tenir, apres vn si sage & bon Roy, le Royaume de France.

Par le moindre de voz tres-humbles &
obeissans subiectz, Iean Rabel.

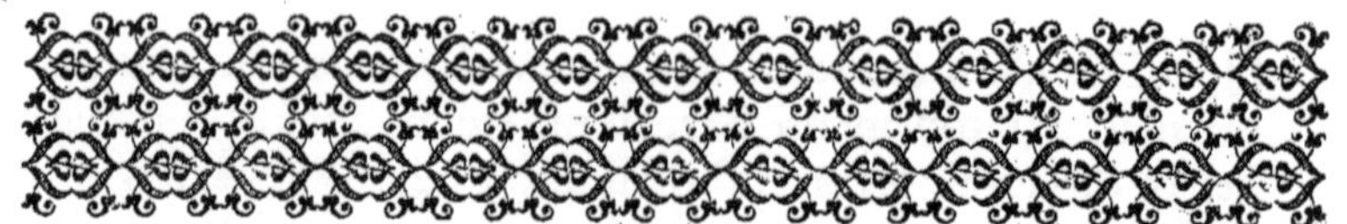

AD SERENISSIMAM PRINCIPEM,
LODOICAM LOTARÆNAM, GALLIÆ
REGINAM.

CVI potius, tibi quàm, diuino numine plena,
O Regina, sacer conuenit iste liber?
Editus antiquis bissex liber iste Sibyllis,
De Christi aduentu cuncta futura canens,
Debuit vt nasci de virgine, Patris imago,
Straminea pueri membra tegente casa.
Et bouis atque asini iuxta præsepia lacte
Virgineæ mammæ paruus alumnus ali.
Angelicósque choros media de nocte corusca
Dicturos illi dulce, patríque melos.
Pastorésque pios, & tres sua munera Reges
Illi allaturos matris ad vsque sinum.
Sicut pérque gradus ætatis cresceret infans,
Cresceret & virtus vt manifesta fore.
Deinde vbi maturos iam peruenisset ad annos,
Vt doceat summi gloria quanta Dei.
Primùm apud Hebræos, ipsas & denique Gentes,
A vitiis reuocans vulgus vtrumque suis.
Quódque probans vero verum se è numine numen,
Miranda humanis plurima signa daret.
Discipulos sibi Bissenos sociaret eunti:
Qui discant à se verba docenda palàm.
Temporis hinc spatio cursu sibi ritè peracto,
Quod mundum seruans, debuit ipse pati,
Proditus, affectus flagris, alta in cruce fixus:
Sicque Patri factus victima grata mori.
Tempore quo tenebris sol esset signa daturus:
Et motu tellus contremefacta suo.

Tertia lux sed eum quod sit visura, sepulchro
    Qui liber mortis nil nisi signa ferat.
Scandat & in Cælum, mittendus Spiritus almus,
    Discipulis vt sit cælico in igne suis.
Flamine quo pleni facientes signa, docentes,
    In terrarum orbem sacra Deúmque ferant,
Et moneant gentes resipiscere velle, nec vltrà
    Peccare, extremum nam fore iudicium.
Per quod tempus in omne bonis sit vita beata,
    Supplicium contrà tempus in omne malis.
Talia de Christo Bissex cecinere Sibylla,
    Multorum antiquis testificata libris.
Quæ sacris Euangeliis tam consona constant,
    Quam sacre inter se quattuor historiæ.
Versibus hæc ornata, nouis ornata figuris
    Depictis, tibi tres munera terna ferunt.
Versibus Aurati, Benétique, atque Rabelli,
    Pingendi quo non maior in arte, manu.
Dúmque ea per populos oracula sancta volabunt
    Auspice te, populi votum erit ómnis idem.
Natalem vt sicut Christi cecinere Sibylla,
    Sic pueri fias mater & ipsá breui.
Lilia qui gestans, regni septrúmque paterni,
    Post longos veniat patris in acta dies,
Christi sacra tuens, hostes arcénsque prophanos,
    Iustitiámque iubens per fora cuncta coli
Quod patri ferat HENRICO, matri, & tibi summam
    Lætitiam, & populis Gallia quotquot habet.

Ioannes Auratus Poeta &
Interpres Regius.

AD IOANNEM RABEL, EXPRESSISSIMVM
HVIVS SECVLI APELLEM.

SOl Deus eſt, nulli Solem ſine Sole, Deúmque
   Abſque Deo fas eſt cernere, ſacra ſacris.
Tam benè picta tibi eſt afflata hæc numine Diuûm
   Virgo, Sibyllinum, Rabel acute, genus:
Quis neget afflatum diæ te numine mentis?
   Sis vt Apellææ párſque decúſque manus.
Ergo agè, quando ſacras fas te duce cernere Diuas,
   Turba Deûm hiſce tuis ſit quoque nôta notis:
Hæc vt agas, Lacheſi ſuperet quod torqueat, annos
   Vſque Sibyllinos viue Sibylligraphus.

Ianus Edoardus du Monin, P P. ex tempore.

Du meſme,   SONNET.

SAns Soleil le Soleil n'eſt point veu de noz yeus,
   Dieu, Soleil du Soleil, mer de toute lumiere,
   Sans ſon propre Soleil n'ouure point la paupiere
   De l'œil de nos eſprits à ſes rais gracieus.
Puiſque donc, mon Rabel, ton art induſtrieus
   Trace ſi gentiment d'vne main heritiere
   Du ſtyle Apellien, la Saincte preſagiere,
   Qui nira ton burin buriné dans les cieus?
Or' nous aiant fait voir des Deeſſes l'Image,
   Fais voir d'orenauant par ton artiſte ouurage
   Le camp de tant de Dieux, Ieu de l'antiquité:
Et pour meiner à chef ton entrepriſe heureuſe,
   La Sibylle te doint ſa vieilleſſe ioyeuſe,
   Echange du portrait de ſa diuinité.

Ian Edoüard, P P.

A iiij

AD TRES HVIVS OPERIS EDENDI
AVTORES.

VOs tres quiſque ſua periti in arte,
Veſtrum & miror opus recens peractum.
Te ô Aurate, Sibylla quo vetuſta,
Simbetha illa vocata genti Hebrǽ,
Eſt interprete publicata primùm,
Auditore frequente, pérque docto.
Et nunc quod reliquis datum Sibyllis
Certos vaticinarier per annos,
Aduentu ſuper imminente Chriſti:
Paucis verſiculis, ſed his politis,
E' Grǽcis Latias vocaſti in oras.
Te miror quoque, te Binete miror,
Te Binete bilinguis, è Latinis
Per quem Gallica nunc canunt Sibyllæ,
Tam tersè propriéque, vt educatæ
Poſſint Gallia in intima videri.
Miror te quoque tertium Rabelle
Pictor, cui data dextra Dædalæa,
Pingendas varias tot ad figuras:
Bis ſex quod veteres probant Sibyllæ:
Quas tam viuidùláſque viuuláſque
Pinxiſti, vt nihil his niſi loquendi
Deſit copia: quam duo dederunt
Conſortes operis tui poëtæ.
Quare gratia nunc triplex habenda
Eſt vobis tribus, artibúſque veſtris:
Per quos reddita vita ſit Sibyllis.

Ioannes Caluimontanus le Monix.

IN ORACVLA DVODECIM SIBYL-
LARVM A TRIBVS EDITA.

Vreus Auratus versu, viuáxque Rabellus
   Pictura, dans hic corpus, at ille animam.
CHRISTI dum celebrant bis senis acta Sibyllis,
   Inter se fœdus sic coiëre pium:
Pictor vt effigies ad viuum pingeret: illis
   Auratus vocem carminis artè daret.
Fecerat Auratus Latio prius ore loquentes:
   Binetus patrio nunc facit ore loqui.
Quæris de tribus est quis splendidiore corona
   Dignus? par sit eis digna corona tribus.

Ioan. Clouetius, Andegauus.

Εἰς τοὺς αὐτοὺς ὁ αὐτῦ.
Εἰ ζητεῖς διάτι πλέϞς πϱὸς ἔργον
Ἐν χεῖϱϞς σφετέϱϞς ὁμῦ παρέχον,
Πολλά᾿στ᾿ ἐργασίας σοφοὶ σοφά᾿στε,
Οὐδ᾿ αὐτὸς μόνος εἷς βίβλϞ τεχνίτης,
Οὐκ ἐργασέον ἦν τοσῦτον ἔργον,
Πλὼ πολλοῖσι Ϟφώτατον Ϟφοῖσι.

Ι. Κλουήτιος.

IN IO. RABELLII SIBYLLAS, CVM
EIVSDEM ANAGRAMMATISMO, EPIGRAMMA
Io. Belbrulij, Lemouicenſis Aduocati.

Nil præter Venerem laborioſè
Pars bona artificum expolire ſueuit,
Ad ipſam quaſi nobis eſſet anſa
Parùm, ni memores dàrent tabellas.

    Nắ tu commodiùs facis, Rabelli,
Solerti renouans manu Sibyllas,
Nam nos vtilia hæ monent tacentes,
Ipſaque effigies loqui videntur
Orbis igniferam nouationem.

    Sed vin' ſcire tui quod eſt laboris
Diuini vndique præmium, Rabelli?
Ioannes agedum Rabelliúſque
Vertas, Laus tibi nobili ſerena.

Extraict du priuilege du Roy.

IL est deffendu par lettres patétes du Roy noftre Sire à tous imprimeurs painctres & tailleurs de figures, foit en taille douce ou en bois, de ne côtrefaire ou pocher les figures ex-hibees en vente, ou faicts par Iean Rabel, dedans dix ans, à conter du iour qu'ils feront acheuez d'imprimer, fur les peines côtenües aufdictes lettres fur ce depefchees, fignees par le Roy, & au bas par le confeil, Chemeraud. Et feellees fur fimple queuë de cire iaune, fi ce n'eft du confentement dudict Rabel, comme plus à plain apert és lettres du priuilege fur ce donné à Paris le dernier iour de Iuing, 1583. Et de noftre regne le neufiefme.

Acheué d'imprimer le 10. d'Octobre, 1586.

ANAGRAMMATISMVS.

Henricus Tertius. Lodoica Lotaræna.
NASCETVR HIS DE VTERO CORONA LILIATA.

Omina nominibus ſi ſunt ab origine prima
Inſita, neſcio quod numen & omen habent.
Nomine quod veſtro Rex & Regina probetur:
Naſcatur puer vt lilia ſacra ferens.

ANAGRAMME.

Henri Troiſieſme. Loiſe de Lorraine.
ME NEISTRA ROI CHERI DE LIS E' LOIS ORNE'.

Bien qu'encore ne ſoit hoir Roial de moi nai:
Mon DIEV, en qui ſeul giſt toute mon eſperance,
M'a donné vn tel ſort par ſa grand' preſcience:
ME NEISTRA ROI CHERI DE LIS E' LOIS ORNE'.

I. Dorat Poëte & interprete du Roy.

Peinctres, ne peignez plus ni HENRY ni LOYSE,
Leur pourtraict dans nos cœurs eſt graué viuement,
Eux par vn ſeul pourtraict tiré diuinement
Se feront voir tous deux en leur race promiſe.

CLAVDE BINET.

LODOVICA LOTHARINGA FRANC. REGINA

PREMIERE SYBILLE.

LA Sybille Persique obtient le premier lieu
Sur le nom de Sybille, ayant du peuple Hebrieu
Tiré son origine, ou de la gent Chaldee,
On dict que d'vn Berose elle fut engendree
En sa mere Erymanthe aux riues de la mer
Qui est rouge appelee, & la fit on nommer
Sambethe en premier nom : elle fut decoree
D'vn voile blanc & pur & de robe doree,
Des liures vingt & quatre ayant mis en escrit
Annonçans maint oracle au nom de Iesus Christ,
Et comme il doit venir du ciel ouurir la porte,
Dont premiere de tous ourdit en ceste sorte.

Voila, Il est venu celuy qui de la plante
De ses pieds la fierté de la beste accrauante:
Il naistra le Seigneur de ceste boule ronde,
Et la vierge enfant'ra diuinement feconde
Le salut aux Gentils sans estre en rien tachee,
Et la parole mesme aux mains sera touchee.

Rima Sybillarum vulgari nomine dicta
Persica, sed Chaldæa genus, vel Hebræa propago:
Beroso quam patre ferunt, genitrice Erimantha
Ad rubrum natam mare, Sambetámque vocatam.
Insignis velo fuit albo, veste sed aureâ:
Viginti libros & quattuor edidit vna:
Multa quibus super aduentu est oracula Christi
Vaticinata, alijs non dissona deinde Sybillis:
Primáque de Domino sic est veniente locuta.

 Ecce venit, qui te conculcet bestia plantis:
Nascitur dominus terrarum missus in orbem:
Virginis & gremium pariet sine labe salutem
Gentibus: & manibus fiet palpabile verbum.

A ij

SECONDE SYBILLE.

L'Autre qui fut du nom de Lybie appelee
Ayant le chef orné de verdure meſlee,
Sur vn floccon de fleurs paroiſſant par dehors,
Bien ieunette de face, & au reſte du corps
Couuerte d'vne robe honeſtement modeſte,
Pouſſa de Ieſus Chriſt ceſte voix manifeſte.

Voici le iour viendra que la ſaincte lueur
   Forçant l'obſcurité des tenebres l'horreur,
   Deſlira le lien de la Loy Moſaïque,
   Et lors que regnera ce grand Roy magnifique
   Roy de vie & de paix, alors chacun voirra
   Qu'vn merueilleux ſilence aux langues ſe lira,
   Car la dame du monde & de la gent humaine
   D'iceluy quelque iour ſe voirra eſtre pleine :
   Sous ce Roy la clemence & l'aſtre de la paix
   Tout ce grand vniuers couurira de ſes rais :
   De là venu és mains d'vne gent enuieuſe
   Il receura maint coup ſur ſa chair precieuſe,
   Maint ſouflet & brocard, aux pecheurs promettant
   Sa merci, luy duquel on n'a merci pourtant.

Væ sequitur patriæ de nomine dicta Lybissa:
Cincta caput serto viridi, & florente corona:
Ore puellaríque, & honesto corpus amicta
Pallio : in has voces Christo super ora resoluit .
    Ecce dies veniet, tenebras cùm lumen opacas
Diuinum super illustrans, Mosaica vincla
Soluet : & humanis miranda silentia linguis
Fient, cùm Regem vitæ regnare videbunt:
Nanque illum humanæ gentis domina ambiet aluo.
Rege sub hoc totum clementia, páxque per orbem.
Inde manus in iniquorum venturus, atroces
Accipiet Colaphos, ignominiosáque dicta:
Spémque dabit miseris, nulli miserabilis ipse.

B

TROISIESME SYBILLE.

LA troisiesme de Delphe a esté surnommee
Dicte autrement Themys, on dit qu'elle fut nee
Deuant que le beau mur d'Ilion fut tombé,
De laquelle les vers Homere ayant robé
D'iceux parmi les siens fit vn subtil meslánge
Le merite d'autruy tirant à sa louánge,
Diodore l'ayant à Tyrese donné
Pour nourrir, Du laurier on l'appela Daphné.
Les Argiues vainqueurs de Thebes l'enuoyerent
A Delphe, où tost apres ses esprits se vouerent
A Phebus le deuin, là d'vn esprit ardant
Du Dieu, à vn chacun maint oracle rendant,
D'vne robe de noir elle fit sa vesture
Et autour de son chef troussoit sa cheuelure
D'vn ruban reserré : vne corne tenoit
Lors que d'vn vers diuin tel oracle donnoit.

RECOGNOY ton Seigneur, ton vray Seigneur & maistre
Fils vnique de Dieu, qui au monde doit naistre
Sans semence de pere ou de mere, arresté
Grand Prophete viuant en toute eternité.

Ertia, cui Delphi tribuerunt Delphica nomen,
Dicta Themis, Troiæ quæ præceßiße ruinas
Dicitur: & cuius versus furatus Homerus
Versibus inseruit proprijs. Diodorus alumnam
Tiresiæ tradit lauri de nomine Daphnem:
Argiui Delphos Thebis quam denique victis
Miserunt: vbi fatidici mox conscia Phœbi,
Nomine Phœbeo responsa petentibus edens,
Veste tegebatur nigra, sed vitta capillos
Vincta cohercebat capiti, cornu ipsa tenebat,
Tales diuino caneret dum carmine voces.

   Ipsum agnosce tuum dominum, qui filius vnus
Est, verúsque Dei: qui nullo semine nasci
Et maris & matris debet per secla Prophetes.

QVATRIESME SYBILE.

DV val Cymmerien (dit le sejour du somme)
Cymmerie en son nom la quatriesme se nomme,
On dit qu'elle habitoit les cauernes & lieux
Solitaires & cois, & les rochers plus creux:
Et que là sainctement ayant l'ame inspiree,
Chanta de Iesus Christ la venuë asseuree.

Vne Vierge viendra qui pure en chasteté,
Qui en trait de visage & naïue beauté
Sera sur toute vierge vn iour recommandee,
Sa tresse sera longue, au reste non fardee,
Et pauurete de biens sur vn petit de foin
D'alaitter son enfant elle prendra grand soin,
D'vn laict venu du ciel, ainsi qu'il conuient paistre
De celestes presens des cieux le puissant maistre.

Quartam

Vartam Cimmerij pagi de nomine dictam
Cimmeriam memorant specûs habitaſſe latebras:
Atque ibi diuini correptam numinis aura,
Talia de aduentu ceciniſſe oracula Chriſti.

 Præſtanti veniet facie caſtiſſima virgo,
Longa comas, ſtrato incumbens pauperrima fœno,
Quæ Puero ſuccum præbebit in vbera miſſum
De cœlo, cœli domino cœleſtia dona.

           C

LA cinquiéme a son nom du peuple Erythrean
Qui chantoit se dit-on, lors que le champ Troien
Fut enuahi des Grecs, ausquels elle deuine
Par eux des murs Troiens la superbe ruine,
(Matiere au grand Homere à faire vn carme faint)
Son corps estoit vestu d'vn habillement sainct,
Iusqu'aux tempes estoit d'vn noir bandeau voilee,
Tenant en sa main dextre vne dague afilee:
N'estant ieune par trop, ni par trop vieille aussi,
Mais ayant quelque peu le visage obscurci,
Pressant dessous ses pieds vn grand cercle en figure
Du ciel, d'astres rempli en luisante dorure,
Voici ce qu'elle disoit.   L E dernier temps viendra
Auquel Dieu tout puissant s'humiliant prendra
Corps humain & mortel, & gisant dans l'estable
Comme vn tendre agnelet aura pour delectable
La tette d'vne vierge, & pour tous compagnons
Douze il appellera, tous pauures vagabonds
Sur les flots de la mer, qui pour gaigner leur vie
Employent à pescher leur penible industrie.

Vinta Sybilla suis accepit nomen Erithris,
Quam cecinisse ferunt Troiana petentibus arua
Graijs, Troiæ illis & prædixisse ruinas:
Materies ficti quæ carminis esset Homero.
Veste induta sacra, nigro per tempora velo
Inque manu dextra gladium gestabat acutum.
Non antiqua nimis senio, sed turbida vultu,
Sub pedibúsque premens stellis fulgentibus aptum
Circulum inauratum, magni sub imagine cœli.

    Dixit in extremo fore tempore, numen vt altum
Sese deprimeret, mortaléque corpus iniret
In fœnóque iacens agnus, mammáque puellæ
Nutritus, sibi diligeret, sociósque vocaret
De piscatorum numero non diuite bis sex.

SIXIESME SYBILLE.

Elle qui suit apres fut ie croy surnommee
De Cumes son païs la Sybille Cumee,
   Mais Herophile au reste estoit son propre nom,
Ou plustost Demophile, elle offrit ce dit-on
Neuf liures à Tarquin, & pource fit demande
De trois cens escus d'or, mais la somme trop grande
Sembla de front au Roy, dont elle despita,
Et trois liures au feu subit elle ietta:
De rechef pour les six demanda mesme somme,
Ce que niant le Roy, au feu qui tout consomme
Elle en mit encor trois.   Pour trois restans encor,
Et pour trois, elle obtint les trois cens escus d'or:
Le Roy s'emerueillant de la grand hardiesse
Qu'auoit vsé vers luy la diuine prestresse:
Sa robe est d'or brochee, & son chef est tout nud,
Vn liure ouuert en haut par sa dextre est tenu,
Les genoux l'vn sur l'autre, entre toute Sybile
Elle a le plus parlé, & de plus graue style.

L'INNOCENT, disoit-elle, ainsi qu'vn agneau doux
   De la main des meschans endurera maint coups,
   Sur le doz, sur la iouë, & auec grand outrage
   Verseront des crachats contre son sainct visage,
   De dols & de brocards il sera blasonné,
   Et d'espines son chef se voirra couronné :
   Et pour son dernier mets d'vne amertume estrange
   De vinaigre & de fiel il goust'ra le meslange .
   Le voile du grand Temple en deux pars s'ouurira
   Vne soudaine nuict le Soleil couurira
   Par trois heures durant, & mort en cette sorte
   A tout droit de la mort il fermera la porte,
   Ayant dormi trois iours, & premier de tous mors
   En triomphe & lumiere ayant repris son cors.

Sexta est,

Exta eſt, Cumanæ cui dant cognomina Cumæ,
Herophilem vel Demophilem ſed nomine diĉtam
Quam tradunt proprio: librófque tuliſſe nouenos
Tarquinio : próque his aureos petiſſe trecentos:
Deinde negante illo tres combuſſiſſe, ſed æquum
Pro reliquis pretium petiſſe, iterumque negato
Tres vſiſſe iterum, pretiumque æquale relictis
Pro tribus & petiſſe, & pro omnibus accepiſſe,
Rege ſacræ vatis mirante audacia corda.

    Aurea veſtis ineſt, nudum caput : alta volumen
Geſtat apertum dextra, genu ſuper altera clauſum :
Vna Sybillarum de Chriſto plura locuta eſt.

    Perferet innocuus manibúſque dolíſque nocentum
Sputa, grauéſque alapas dorſo, muteſcet vt agnus :
Spinea ſerta geret : mixtum guſtabit acetum
Fellis amaricie : manet illum hæc hoſpita menſa.
Scindetur templi velum, media tribus horis
Lux erit atra die : triſtíque ita morte iacebit.
Poſt triplicem ſomnum, mortis ius omne reſoluet,
Ipſe reſurgentum primus, qui morte iacebunt.

D

SEPTIESME SYBILLE.

LA septiefme a fon nom de la mer Hellefponte,
D'vn bourg Troien iffuë ainfi que lon raconte,
Qu'on appeloit Marpeffe ou Marmiffe, à l'endroit
Des murs Gargetiens, fon corps elle couuroit
Sans fard à la ruftique, vn couurechef accolle
Sa tefte & fon menton, & luy pend fur l'efpole,
Son oracle eftoit tel: Du plus haut lieu des cieux
Le Seigneur daignant bien regarder ces bas lieux,
Et les humbles, naiftra d'vne Iuifue pucelle
Sur la terre, & fera fon berceau deffus elle.

Eptima sed ponto nomen suscepit ab Helles:
Troiano memorant veteres quam rure creatam
Marpesso, vel Marmisso, Gargetia iuxta
Mœnia. vestitu hæc rurali corpus amicta;
Et veteri velo sub guttur vtrinque voluto
Tecta caput, scapulásque oracula talia fudit:
    Excelso Dominus cœli de vertice tandem
Dignatus spectare humiles, de virgine Hebræa
Nascetur, vilísque premet cunábula terræ.

D ij

HVITIESME SYBILLE.

DV païs Phrigien la huictiéme se tire
Qui rendoit maint oracle en la ville d'Ancyré,
En rouge vestement elle auoit les bras nus
Et sur le dos espars ses cheueux tous chenus,
Tirant haut esleué le doy proche du pouce
Ayant l'esprit émeu de diuine secousse,
Seuerement parloit du tout qui doit finir,
Et de Christ qui vn jour pour iuger doit venir.

La trompetté du ciel au son espouuentable
S'oirra de tous quartiers, & la terre habitable
Beanté & creuassee au fond de son manoir
Monstrera des enfers le Chaos sombre & noir:
Et deuant le parquet de Dieu, non sans grand' honte
Les Rois, les Empereurs, viendront tous rendre conte
De leur charge & despence, aux bons & aux mauuais
Iuste iuge il sera ordonnant à iamais,
Aux bons heureuse vie, & le fruict de sa gloire,
Et le feu eternel aux meschans pour salaire.

Octauam Phrygia memorant tellure creatam,
Ancyræ quæ vaticinans in veste rubente,
Brachia nuda, senex, sparsis per terga capillis,
Indice porrecto digito, faciéque seuera,
Talia venturo de Christo iudice dixit :
Luctificam cœlo vocem tuba mittet ab alto :
Tartareumque Chaos ostendet terra dehiscens :
Ante Dei venient reges sublime tribunal,
Déque bonísque malísque Deus iudex erit æquus :
Præmia dánsque bonis, alios demittet in ignem.

E

NEVFIESME SYBILLE.

DE la ville Tyburte à la fresche demeure
La neufiéme a pris nom (Tiuoly a ceste heure
Se nomme ce païs) pour l'honneur qu'on luy fit
Aux riues d'Anion, qui Teueronne est dict,
L'image de laquelle on cacha dans le fleuue,
Qui par long temps apres vn liure en main se treuue,
Aucuns l'ont Albunee en son nom appelé:
Plus manifestement aucune n'a parlé.

EN Bethleen de Christ se fera la naissance,
  Octaue ayant en paix la terre en sa puissance,
  Heureuse femme, heureuse, & heureux son tetin
  Qui alaict'ra le Roy eternel & sans fin.

Ona Sybilla trahit gelido de Tybure nomen
Tyburtina, quod hic Anienis flumina iuxta
Culta sit antiquis: simulachrum cuius in amnis
Gurgite demersum post tempora longa repertum
Esse ferunt: dextráque manu tenuisse volumen.
Sunt tamen Albuneam proprio qui nomine dicunt,
Altera de Christo nec tam manifesta locuta est:
   In Bethlem nascentis erunt cunabula Christi,
Octaui imperio terras moderante quieto:
O fœlix nimium fœlix ô fœmina, cuius
Vbera lactabunt Regem sine fine futurum.

E ij

DIXIESME SYBILLE.

La dixiefme eut à nom Phiton, ou Herophile,
Samienne autrement on l'appelloit de l'Ifle
De Samos ancienne, au refte on l'a va nté
D'auoir vne poictrine excellente en beauté,
Touſiours le chef voilé d'vne touaille fine,
Et ſa dextre preſſee au long de ſa poitrine,
Voici ce qu'elle a dit: Le Riche ſortira
De pauure mere vn iour, & vn iour il ſera
Des brutes adoré, ployant en bas leur teſte,
Et ſa louange au ciel ſe rendra manifeſte.

Herophilem

Erophilem decimam vel Phyto nomine dicunt :
Cui Samiæ Samos ipsa vetus dedit insula nomen.
Insignis fuit hæc formoso pectore, velo
Semper operta caput, pressáque ad pectora dextra.
Quæ cecinit, Veniet diues de paupere matre :
Hunc & adorabunt pronis animalia terræ
Vultibus : è cœlóque super laus læta sonabit.

E

L'ONZIESME SYBILLE.

LA plus proche des dix Europe eſt appelee
De la troiſiéme part de la terre égallee,
De bouche bien ſeante, & en ieune clarté
D'vn viſage riant reluiſoit en beauté,
Vn creſpe delié couuroit ſa teſte blonde,
Et pendant ſur ſon dos flottoit onde a onde,
Sa robe eſtoit doree, ayant vn liure auſſi
De Chriſt qui doit venir, prophetiſant cecy.

IA ja ce Prince vient qui doit leuer la teſte
Sur les monts ſourcilleux & ſur le plus hault feſte
Des bois, & des rochers, d'vne vierge ſortant
Vierge & ſans tache apres, qui demeure pourtant
Roy ſur la pauureté, il fera ſon aſſiette,
Sans mot dire, Seigneur en vne cour muette

Roxima poſt decimam cui nomen pars dedit orbis
Tertia, & ex illa fuit Europæa vocata,
Ore decens, æuo iuuenis, faciéque renitens,
Et velata caput tenui velamine circum,
Veſte ſed aurata, dextráque tenente libellum,
Talia de Chriſto venturo oracula fudit.

   Iam iam aderit ſupra qui montes exerat altos,
Et colles ſyluáſque caput de virginis aluo
Intactæ egrediens, in paupertate locabit
Rex ſolium, mutáque ſilens dominabitur aula.

F ij

DOVZIESME SYBILLE.

LA derniere qui fuit fe nommoit Agripine
Ayant la robe d'or,& de couleur pourprine,
Vn manteau par deffus. Elle eft d'aage moien
En fa ieune vieilleffe,& fur tout luy fied bien
Sa main dextre qui femble à fon giron colee,
Comme fi d'vn grand cas ell' fut emerueillee:
Et l'autre main nous monftre en penchant contre bas,
En vn petit tableau de mots vn grand amas.

LA Parole qui onc ne peut eftre touchee
Ores fe touchera,l'heure en eft approchee:
Et comme vne racine en tous lieux produira
Semence bien fertille,& en fin fechera
Comme fueille d'Automne:& pourtant fa vieilleffe
Des hommes ne viendra en cognoiffance expreffe.
Au ventre de fa mere,ainfi qu'vn autre enfant,
Et comme homme aduenir neuf mois fera gifant.
Par gens qui n'ont de Dieu en l'ame aucune crainte
Sera foulé aux pieds cet innocent fans feinte.
Au milieu des pecheurs fa demeure il fera,
Et d'vn iuge mefchant condamné il fera
De crimes euidens,& ce pendant fa gloire
A vn prophane mefme alors fera notoire.

Vltima

V Ltima post reliquas dicta Agrippina Sybillas,
Aurea cui vestis, roseo chlamis illita succo:
Inter anum iuuenémque, sed in gremio manus hæret
Dextra velut mirantis, at altera prona deorsum
Monstrat, non magna tot verba inscripta tabella.

Expers contactus fiet palpabile verbum,
Germen aget veluti radix, siccabitur arens
Vt folium, nec erit cuiquam sua nota vetustas:
Materna circum puer inuoluetur in aluo,
Impia sub pedibus sed conculcabit eum gens,
Nam peccati insons peccatores aget inter,
Peccatíque reus sub iudice fiet iniquo,
Gloria cuius erit cuidam manifesta profano.

G

BEATA MARIA MATER DEI